Meditationen

Danke!

Solvig Waritsch

Solvig von Schweden

Meditationen

Bilder und Mantren

Das Handbuch
für die kleinen Augenblicke

Herausgeber: Franz Peter Waritsch

Copyright © 2024 Franz Peter Waritsch

Alle Rechte vorbehalten. Das Werk darf - auch teilweise - nur mit Genehmigung
des Verlages wiedergegeben werden.

Verlag: BoD · Books on Demand GmbH, In de Tarpen 42,
22848 Norderstedt
Druck: Libri Plureos GmbH, Friedensallee 273,
22763 Hamburg
ISBN: 978-3-7693-0678-1

Der rote Faden

Meditierst du?
Wenn nicht, vielleicht doch,
nur weiß man nicht,
wie oder wann da ein
heller Augenblick
in das Bewusstsein dringt,
unbemerkt.
Das wissen die Sterne.
Die Sterne kommen herunter doch,
können an feinen Fäden
zur Erde herunter gezogen werden.
Das ist die Meditation.
Nur bewusst,
die kleinen Augenblicke,
die neue Zeit.

Hier hat Solvig hilfreich mitgewirkt durch ihre
Malereien. Sie hat sehr oft die Erlebnisse in
ihren Meditationen gemalt.
So sind viele Aquarelle entstanden.
Als sie vor zwei Jahren hinüberging, hat sie in
steter Anwesenheit vieles Wertvolle mitgeteilt.
Dabei ist nun auch dieses Büchlein entstanden.
Wir haben gemeinsam eine Auswahl von
Bildern gemacht und sie hat zu jedem dieser
Bilder ein Mantra gegeben, mit Ausnahme von
sieben Bildern, welche die Quelle in sich tragen.

Alles was Solvig erarbeitet hat in ihrem Leben,
sei es im Tanz, im Unterricht oder in der
Malerei, hat immer völlige Freiheit geatmet.
So auch hier.

Eine stressige Zeit braucht einfache Wege, um die Pausen mit neuer Kraft und neuem Gleichgewicht zu füllen.

Wähle ein Bild und dazugehöriges Mantra, das du einige Male still in dir oder laut sprichst, und lass den Blick dabei auf dem Bild weilen. Nicht lesen. Einfach still sein eine kurze Zeit, die du hast. Regelmäßig ist gut. Der Ort gleichgültig, ob im Bus, im Zug oder Büro, zu Hause oder irgendwo sonst. Nimm das Büchlein aus der Tasche oder dem Rucksack. Das ist alles. Vielleicht etwas Neugier dazu und ein Schmunzeln zum Abschluss.

Unser Bewusstsein gibt uns meistens Wahrnehmungen ohne deren wahre Quelle mit zu erleben. An der Quelle teilhaben gibt erst das Ganze. Jedes Mantra ist aus dem Quellgrund geschöpft. Das Bild mit dem Mantra vereinen gibt ein Ganzes. Das wiederum kann uns den Weg zu unserer eigenen Quelle weisen.

Die Mantren sind keine Wörter. Sie helfen dabei, die Denkebene zu überwinden. Sie können uns befreien von dem dichten Netz von Texten, womit wir ständig konfrontiert sind. Da spielt zunächst die Uhrzeit weniger eine Rolle.

Bei wiederholtem Tun entsteht im Bewusstsein dasselbe was in der Natur den Samen zur Pflanze bringt. Man kann sich bekannt machen mit der inneren Zeit. Es wird ein Lebendiges, wachst so wie es in der eigenen Person am besten stimmt. Viel Glück!

Das Leben und künstlerische Wirken
von Solvig Waritsch ist ausführlich
beschrieben und dokumentiert
in dem Buch: „Solvig malt"
ISBN 9783759734693
Herausgabe 2024,
gebunden oder als E-Book.

OZ

U

LAUK

BÖTÖAT

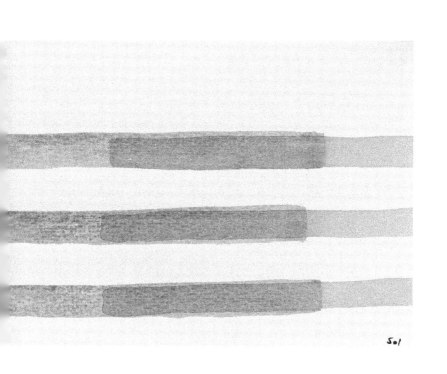

MLUB

KUSAS

TEIAG

WAUI

EVU

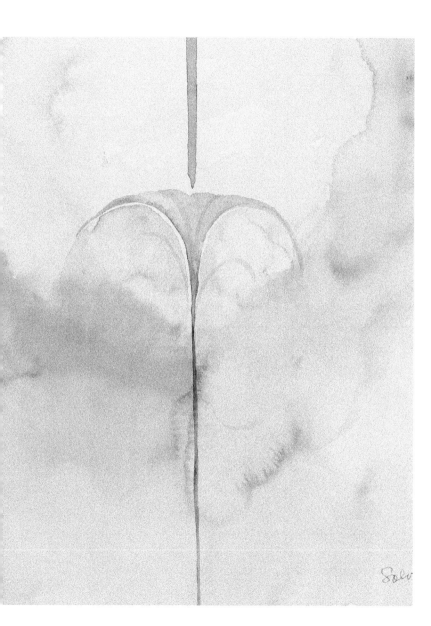

HOVPEUAX

BAO

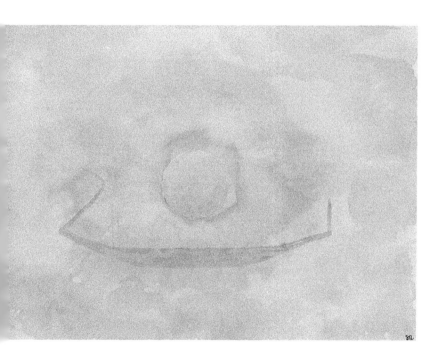

KÜSX

DAL

FUNT

TEBOE

MILRÜA

SOZT

UGEIAS

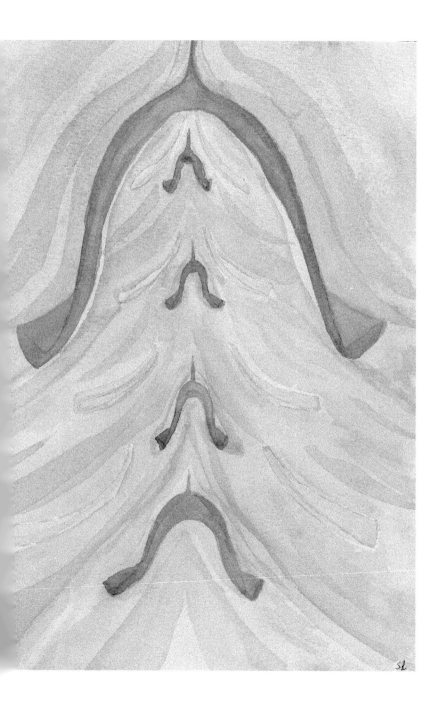

OTVAU

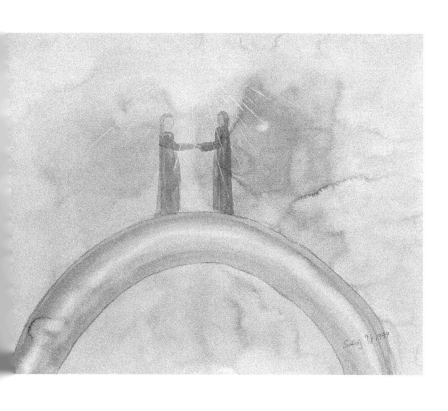

FOSUG

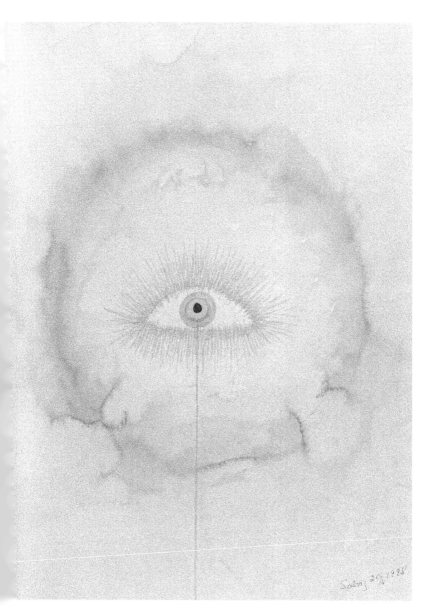

AI ÄOB

WAADS

HÜOAM

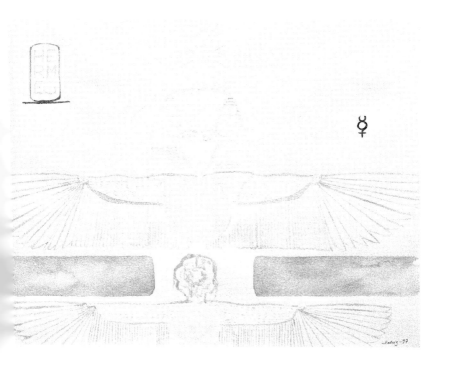

OMÜLÖ

TIG XOK

DÜZÄMS

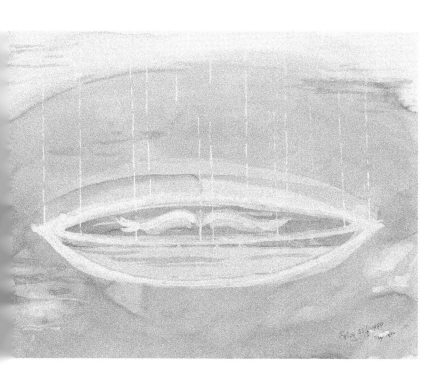

ATAU

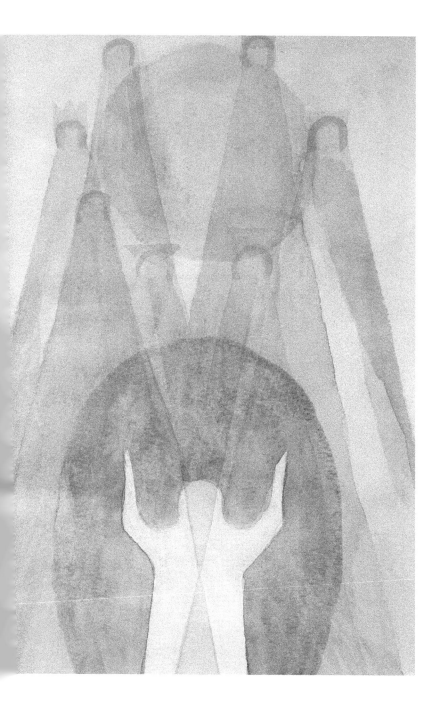

N

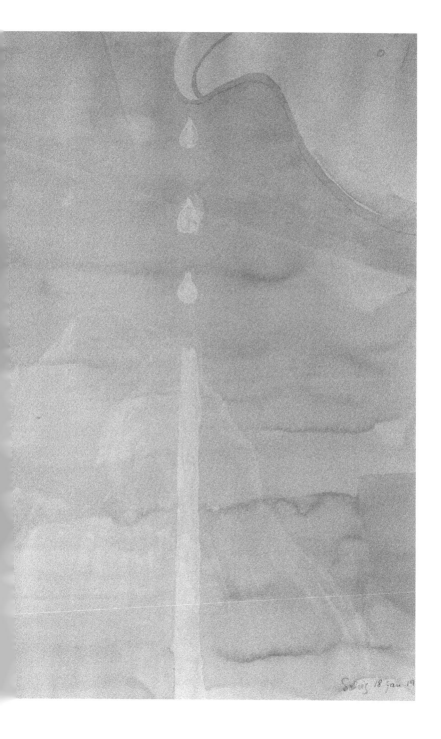

AWEI

RAXAIZ

CYWABA

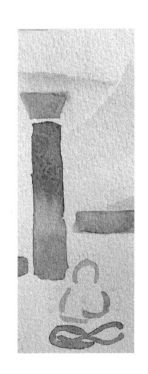

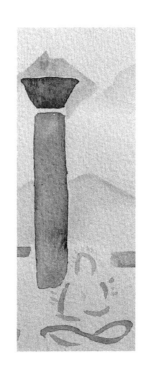

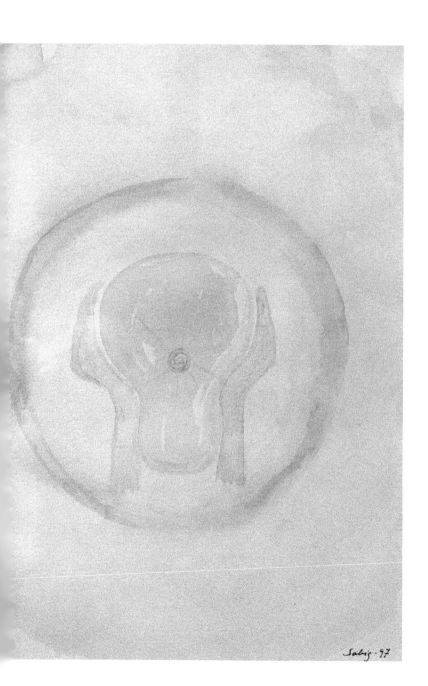

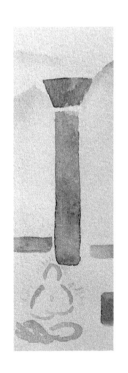

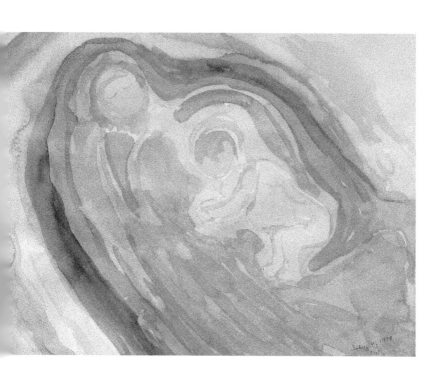

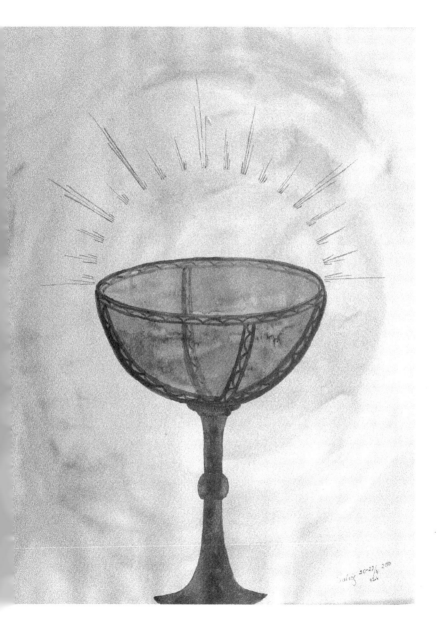

Milton Keynes UK
Ingram Content Group UK Ltd.
UKHW041943131124
451149UK00005B/458